Rundungen sind beliebt! Viel lieber als eckige oder gerade Formen zieht uns Menschen in der Kunst oder beim Basteln an, was rund und geschwungen ist. Vielleicht sind deshalb Paper Balls, die Kugeln aus Papierstreifen, so beliebt geworden. Da die meisten Menschen auch Tiere lieben, lag es nahe, aus den zarten Papiergebilden auch mal Figuren zu machen. So ist ein ganzer Zoo zum Nachbasteln entstanden: Von den Insekten und Vögeln über die Tiere der Savanne und des Waldes bis hin zu den freundlichen Haustieren ist alles vertreten. Ob zum Hängen oder Hinstellen, die Paper Balls sind einfach zu machen und zum Dekorieren, Spielen oder als kleines Geschenk immer herzlich willkommen!

Einen tierisch schönen Bastelspaß wünscht Ihnen

Christiane Steffan

Hast du Möhrchen?

hungrige Hasen im Paradies

MOTIVHÖHE
Möhren-Hasen-Hänger ca. 22 cm
Hase ca. 12 cm
Möhre ca. 14,5 cm

MATERIAL
MÖHREN-HASEN-HÄNGER
* 6 Tonkartonstreifen in Weiß, 1 cm breit, 20 cm lang, sowie Rest
* 3 Tonkartonstreifen in Hellgrün, 1 cm breit, 20 cm lang
* Tonkarton in Orange, A4
* Scrapbookpapierrest in Grüntönen mit Streifen
* Steckdraht, ø 0,8 mm, 30 cm lang
* Holzperlen, ø 1 cm, 12 x in Orange, 7 x in Weiß

VORLAGEN
Bogen 1A+2B

Möhren-Hasen-Hänger

1 Alle weißen und grünen Streifen genau in der Mitte und je 5 mm von den beiden Enden entfernt lochen. Je drei weiße sowie die drei grünen Streifen zu einem Sechser-Stern aufeinanderkleben. Die grünen Streifen mit einem Falzbein etwas nach innen rund biegen. Die beiden weißen Sechser-Sterne versetzt zu einem Zwölfer-Stern aufeinanderkleben.

2 Drei orangefarbene Kartonstreifen für die Möhre nach Vorlage zuschneiden, lochen und die Falzlinien anritzen und umknicken. Kleben Sie die drei Streifen nun zu einem Sechser-Stern zusammen.

3 Den Hasenkopf, einen weißen Kreis sowie das Halstuch aus Streifenpapier zuschneiden. Den Kopf mit schwarzem Filzstift bemalen und mit rosafarbenem Buntstift Ohren und Wangen auftragen. Unter dem Kopf das Halstuch fixieren. Den Kreis mittig lochen.

4 Eines der Drahtenden mit der Rundzange zu einer Öse biegen und die Streifensterne und Perlen gemäß der Aufsteckreihenfolge auf den Draht stecken. Am zweiten Drahtende eine weitere Öse biegen. Zuletzt kleben Sie den Kopf mit Heißkleber am weißen Hasen-Körper an.

Aufsteckreihenfolge
Weiße Perle – Kartonkreis – weißer Zwölfer-Stern – 6 weiße Perlen – Spitzen des weißen Zwölfer-Sterns – grüner Sechser-Stern – Spitzen des grünen Sechser-Sterns – orangefarbener Sechser-Stern – 11 orangefarbene Perlen – Spitzen des orangefarbenen Sechser-Sterns – orangefarbene Perle

5 Natürlich kann man die Möhre und den Hasen auch einzeln arbeiten. Für eine Möhre wird 15 cm Draht benötigt, für einen Hasen 10 cm. Der kleine, hängende Hase hat oben und unten jeweils einen Abschluss mit einem Kartonkreis und einer Perle.

6 Für den stehenden Hasen die erste, untere Drahtöse im rechten Winkel abknicken. Auf den Draht zuerst das gelochte Beinteil aufstecken (evtl. festkleben), bevor Kartonstern und Perlen folgen. Den gestreiften Latz mit einer Mini-Kartonmöhre bekleben und unter dem Kopf befestigen. Den fertigen Kopf an der oberen Abschlussperle festkleben. Zuletzt ergänzen Sie rechts und links das mit den Pfoten versehene Besteck.

HASEN

INSEKTEN

Das große Krabbeln

Marienkäfer, Raupe und Biene

MOTIVHÖHE
Marienkäfer auf Blume ca. 29 cm
Raupe ca. 6 cm, ca. 26 cm lang

MATERIAL
MARIENKÄFER
* Tierfellkarton „Marienkäfer", A5
* Tonkarton mit Leinenprägung in Perlmutt-Weiß, 23 cm x 33 cm (1 Bogen)
* Chenilledraht in Grün gestreift, ø 6 mm, 20 cm lang
* Steckdraht in Grün, ø 1 mm, 30 cm lang
* Holzperlen, ø 8 mm, 6 x in Rot, 2 x in Weiß
* Holzperle in Grün, ø 1 cm
* Fotokartonreste in Gelb, Grün und Weiß

RAUPE
* 4 Kartonstreifen in Grün-Weiß gepunktet, 1,5 cm breit, 20 cm lang
* 4 Kartonstreifen in Grün-Weiß kariert, 1,5 cm breit, 16 cm lang
* je 4 Tonkartonstreifen in Grün, 1,5 cm breit, 14 cm und 18 cm lang
* Chenilledraht in Grün gestreift, ø 6 mm, 30 cm lang
* Holzperlen in Grün, 1 x ø 2 cm, 4 x ø 1 cm
* Fotokartonrest in Weiß

VORLAGEN
Bogen 1A+2B

Marienkäfer

1 Vier weiße Streifen für die Blüte sowie vier rot-schwarze Streifen für den Käfer nach Vorlage zuschneiden, lochen und die Falzlinien anritzen und umknicken. Die Streifen jeweils zu einem Achter-Stern zusammenkleben. Die äußeren Streifenstücke für den Käfer mit dem Falzbein nach innen rund biegen. Alle sonstigen Kartonteile nach Vorlage zuschneiden. Den Kreis und die Blütenmitte lochen, alle Teile mit Buntstiftabrieb schattieren. Den kompletten Käferkopf mit Filzstiften aufmalen.

2 Die grüne Perle auf den Steckdraht schieben und in 20 cm Höhe mit Heißkleber fixieren. Ein Chenilledrahtende in die untere Perlenöffnung kleben und den restlichen Chenilledraht nach unten um den Steckdraht wickeln. Das Blatt ankleben. Die Kartonsterne und Perlen gemäß der Aufsteckreihenfolge auf den Draht stecken. Das obere Drahtende zur Öse biegen und zuletzt den Kopf am Marienkäferkörper ankleben.

Aufsteckreihenfolge
weißer Achter-Stern – 2 weiße Perlen – Spitzen des weißen Achter-Sterns – gelbe Blütenmitte – roter Achter-Stern – 5 rote Perlen – Spitzen des roten Achter-Sterns – Kartonkreis – rote Perle

Raupe

Alle Streifen genau in der Mitte und je 5 mm von den beiden Enden entfernt lochen. Jeweils die vier zueinanderpassenden Streifen zu Achter-Sternen zusammenkleben. Die Sterne gemäß der Aufsteckreihenfolge auf den Chenilledraht stecken und durchziehen. Den überstehenden Draht kürzen, umbiegen und am letzten Paper Ball ankleben. Zuletzt den mit Filzstiften bemalten Kopf ergänzen.

Aufsteckreihenfolge
große Perle (mit Heißkleber ankleben) – Perle – kleiner grüner Achter-Stern – Spitzen des kleinen grünen Achter-Sterns – Perle – karierter Achter-Stern – Spitzen des karierten Achter-Sterns – Perle – grüner Achter-Stern – Spitzen des grünen Achter-Sterns – Perle – gepunkteter Achter-Stern – Spitzen des gepunkteten Achter-Sterns

---

Mein Tipp für Sie

Bienchen Das Bienchen besteht aus einem Achter-Stern (4 x 1,5 cm x 20 cm). Hierzu zwei gelbe und braune Streifen versetzt aufkleben. Innen stecken acht Perlen (ø 8 mm), außen je eine Perle plus Kartonkreis. Den Kopf aufkleben, vorher die Flügel darunter fixieren.

MOTIVHÖHE
Huhn ca. 16 cm
Küken ca. 8 cm

MATERIAL
HUHN
* je 3 Kartonstreifen in Weiß, 1 cm breit sowie 2 cm breit, 30 cm lang
* Draht, ø 0,8 mm, 15 cm lang
* 7 Holzperlen in Weiß, ø 1 cm
* Fotokartonreste in Weiß, Gelb, Rot und Hellbraun

FÜR EIN KÜKEN
* 4 Kartonstreifen in Gelb, 1 cm breit, 16 cm lang
* Draht, ø 0,8 mm, 9 cm lang
* 7 Holzperlen in Gelb, ø 8 mm
* Fotokartonreste in Gelb und Orange

VORLAGEN
Bogen 1A+2B

Fröhliche Hühnerschar

Huhn mit reichlich Nachwuchs

Huhn

1 Alle sechs Streifen genau in der Mitte sowie je 5 mm von den beiden Enden entfernt lochen. Die breiten sowie schmalen Streifen jeweils zu einem Sechser-Stern zusammenkleben. Alle Körperteile nach Grundanleitung zuschneiden. Die Beine und den Kragen nach Vorlage lochen. Den Kopf mit Filzstiften bemalen, rote Buntstiftwangen aufreiben und den Schnabel aufkleben, von hinten den Kamm ergänzen. Das braune Ei doppelt zuschneiden. Beide Eier nur rechts und links an den Außenkanten zusammenkleben, damit man das Ei auf den Draht fädeln kann.

2 Ein Drahtende zur Öse biegen und diese im rechten Winkel umbiegen, damit das Huhn stehen kann. Auf den Draht alle Teile gemäß der Aufsteckreihenfolge auffädeln. Das obere

Drahtende zur Öse biegen. Den Kopf mit Heißkleber so an den oberen zwei Perlen ankleben, dass noch ein Stück der unteren Perle als Hals zu sehen ist. Zuletzt kleben Sie die Flügel zwischen Kragen und Paper Ball fest.

Aufsteckreihenfolge
Kartonbeine – Sechser-Stern (schmale Streifen) – Sechser-Stern (breite Streifen) – Perle – Kartonei – 4 Perlen – Spitzen Sechser-Stern (breite Streifen) – Spitzen Sechser-Stern (schmale Streifen) – Kragen – 2 Perlen

Küken

Die vier Streifen für ein Küken wie oben beschrieben lochen und zu einem Achter-Stern zusammenkleben. Das Küken ansonsten genauso wie das Huhn zusammensetzen und die Körperteile ankleben. Sein Paper Ball besteht allerdings nur aus einem Papierstern und auch das innere Ei fehlt.

Aufsteckreihenfolge
Kartonbeine – Achter-Stern – 5 Perlen – Spitzen des Achter-Sterns – Kragen – 2 Perlen

Mein Tipp für Sie
Standfest Die Figuren stehen besser, wenn man die abgeknickten Drahtösen unten längs zur Figur mit wenig Heißkleber an den Kartonbeinen festklebt.

INSEKTEN

Schmetterling & Libelle
ganz schön flatterhaft

MOTIVHÖHE
ca. 20 cm

MATERIAL FÜR BEIDE FIGUREN

* Tonkarton in Hellblau oder Gelb, A4
* Steckdraht, ø 0,8 mm, 2 x 24 cm lang und 3 x 3 cm lang
* Holzperlen, ø 1 cm, 9 x in Gelb, 10 x in Helltürkis
* Holzperlen, ø 8 mm, 12 x in Gelb/Orange/Rot-Tönen, 8 x in Türkistönen
* Glitzerkartonreste in Weiß und Hellblau
* Fotokartonreste in Weiß, Hellrot und Türkis
* Pompons in Weiß und Gelb, ø 7 mm
* Motivlocher: Blume, ø 2,5 cm

VORLAGEN
Bogen 2B

1 Für die Körper jeweils drei Streifen nach Vorlage zuschneiden, lochen und an den gestrichelten Linien anritzen und umfalzen. Die Streifen jeweils zu einem Sechser-Stern zusammenkleben.

2 Die Glitzerflügel jeweils doppelt zuschneiden (Rückseite evtl. aus weißem Fotokarton) und die Drahtposition innen nach Vorlage markieren. Beide Flügelteile bündig zusammenkleben, dabei aber rechts und links der markierten Stelle ein Feld für das Durchschieben des Drahtes freilassen. Mit dem Motivlocher je eine türkisfarbene und rote Blume ausstanzen und mittig lochen.

3 Jeweils eines der langen Drahtenden zur Öse biegen und Perlen und Sterne gemäß der Aufsteckreihenfolge auf die Drähte stecken. Nun biegen Sie die zweiten Drahtenden zur Öse. Die unteren Perlenreihen mit der Zange oder den Händen in Form biegen, wie auf der Abbildung zu sehen.

4 Die Köpfe mit den farbigen Hauben bekleben und mit Filzstift Augen und Münder aufzeichnen. Die Wangen mit Buntstiftabrieb auftragen und die Pompons als Nasen aufkleben. Für den Schmetterling zwei, für die Libelle einen kurzen Draht mit einer kleinen Perle bekleben und die Drahtstücke hinter den Köpfen befestigen. Zuletzt die fertigen Köpfe auf den oberen Außenperlen mit Heißkleber ankleben.

Aufsteckreihenfolge Schmetterling (Gelb)
10 kleine Perlen – große Perle – Sechser-Stern – 5 große Perlen – Schmetterlingsflügel – große Perle – Spitzen des Sechser-Sterns – rote Blüte – 2 große Perlen

Aufsteckreihenfolge Libelle (Blau)
7 kleine Perlen – große Perle – Sechser-Stern – 6 große Perlen – Libellenflügel – große Perle – Spitzen des Sechser-Sterns – türkisfarbene Blüte – 2 große Perlen

Niedliche Haustiere
Hund und Katze sagen Danke

MOTIVHÖHE
ca. 12 cm

MATERIAL
FÜR BEIDE
FIGUREN

* Tonkarton in Hellbraun und Creme, A4
* Draht, ø 0,8 mm, jeweils 12 cm lang
* je 9 Holzperlen in Natur oder Creme (alternativ: Weiß), ø 1 cm
* Fotokartonreste in Hellblau, Rosa, Pink und Schwarz
* Strasssteine in Hellblau und Rosa, ø 5 mm
* Bindfaden in Weiß

VORLAGEN
Bogen 1B+2B

1 Wie in der Grundanleitung beschrieben für Hund und Katze jeweils sechs Streifen nach Vorlage zuschneiden und lochen. Die gestrichelten Falzlinien mit dem Falzbein oder Kugelschreiber abfahren und bündig zum unteren Streifen umfalten. Kleben Sie jeweils drei Streifen zu einem Sechser-Stern zusammen.

2 Die beiden hellbraunen Sterne versetzt zu einem Zwölfer-Stern aufeinanderkleben. Die cremefarbenen Sterne ebenso zusammensetzen.

3 Jeweils ein Drahtende zur Öse biegen und diese noch einmal im rechten Winkel umbiegen, damit die Figur später stehen kann. Auf die Drähte die Sterne und Perlen nach der Aufsteckreihenfolge auffädeln. Die oberen Drahtenden auf ca. 1 cm kürzen und je eine Abschlussöse biegen.

4 Die Körperteile nach Vorlage zuschneiden, mit Buntstiftabrieb und Filzstiften gestalten und die Nasen aufkleben. Den Katzenkopf und -schwanz zusätzlich mit einer Maserung in Ocker bemalen. Die Streifen der flachen Paper-Ball-Unterseite mit Heißkleber versehen und auf die jeweilige Bodenplatte kleben. Evtl. Klebstoff nachfüllen und die Streifen mit einem Schaschlikstäbchen runterdrücken. Auf den Rückseiten die Schwänze ankleben.

5 Die Halsbänder zum Ring kleben und auf der Vorderseite je einen Strassstein fixieren. Das Herz bzw. den Knochen mit einem kurzen Bindfaden in das Halsband kleben und dieses über die oberen zwei Perlen des Paper Balls schieben und schräg nach vorne an der unteren Perle festkleben. Zuletzt fixieren Sie den Kopf an der oberen Perle.

Aufsteckreihenfolge
Zwölfer-Stern – 7 Perlen – Spitzen des Zwölfer-Sterns – 2 Perlen

> **Mein Tipp für Sie**
>
> **Katze als Geschenk** Um die Katze zu verschenken, kann man das Herz auch mit einer kleinen Botschaft beschriften. Und einen gefalteten Geldschein, z. B. eine Finanzspritze fürs Tierfutter, kann man einfach zwischen die Papierstreifen nach innen stecken.

VIERBEINER

Froschkonzert am See

zwei Hüpfer mit Krönchen

MOTIVHÖHE
Sitzender Frosch
ca. 14 cm
Hüpfender Frosch
ca. 16 cm

MATERIAL FÜR BEIDE FIGUREN
* Tonkarton in Grün, A3
* Draht, ø 0,8 mm, jeweils 15 cm lang
* 2 Trinkhalmstücke in Grün, 6 cm lang (alternativ: 6 Perlen, ø 1 cm)
* 5 Holzperlen in Hellgrün, ø 1 cm
* Fotokartonreste in Gelb, Weiß, Rosa und Türkis

VORLAGEN
Bogen 1B+2B

Sitzender Frosch

1 Vier grüne Streifen nach Vorlage zuschneiden, lochen und die gestrichelten Falzlinien anritzen und umfalten. Die Streifen zu einem Achter-Stern zusammenkleben.

2 Schneiden Sie alle Kartonteile nach der Grundanleitung zu und schattieren Sie sie mit Buntstiften. Das Gesicht mit rotem Bunt- und Filzstift bemalen und die Augen ankleben. Von hinten mit Klebekissen die Krone fixieren. Die türkisfarbene Blüte mittig lochen und mit blauen Filzstiftpunkten bemalen.

3 Ein Drahtende zur Öse biegen und dieses noch einmal im rechten Winkel umbiegen, damit die Figur später stehen kann. Auf den Draht den Stern und die weiteren Teile gemäß der Aufsteckreihenfolge auffädeln. Das obere Drahtende kürzen und eine Abschlussöse biegen. Den Kopf mit Heißkleber so an den oberen zwei Perlen ankleben, dass noch ein Stückchen der unteren Perle als Hals zu sehen ist. Zuletzt fixieren Sie beide Beine rechts und links unter einem der Streifen.

Aufsteckreihenfolge
Achter-Stern – Trinkhalmstück – Spitzen des Achter-Sterns – türkisfarbene Blüte – 2 Perlen

Hüpfender Frosch

1 Vier grüne Streifen (2 cm x 28 cm) zuschneiden und genau in der Mitte sowie je 5 mm von den beiden Enden entfernt lochen. Die Streifen zu einem Achter-Stern zusammenkleben.

2 Alle Kartonteile, wie beim sitzenden Frosch beschrieben, zuschneiden und bemalen. Die rosa Blüte lochen und mit pinkfarbenen Punkten versehen. Einen grünen Kartonkreis zuschneiden und mittig lochen.

3 Ein Drahtende zur Öse biegen und den Stern und die weiteren Teile gemäß der Aufsteckreihenfolge auffädeln. Das obere Drahtende zu einer Öse biegen. Den Kopf, ebenso wie beim sitzenden Frosch, an den oberen Perlen fixieren. Die Beine mit etwas Heißkleber zwischen dem Kartonkreis und dem Paper Ball einkleben. Zuletzt schieben Sie die Arme oben in den Paper Ball und fixieren sie innen.

Aufsteckreihenfolge
Perle – grüner Kartonkreis – Achter-Stern – Trinkhalmstück – Spitzen des Achter-Sterns – rosa Blüte – 2 Perlen

FRÖSCHE

MEERESTIERE

Witzige Strandläufer

Schildkröte, Krabbe und Seestern

MOTIVHÖHE
Schildkröte
ca. 7,5 cm
Krabbe ca. 3,5 cm

MATERIAL SCHILDKRÖTE
* Tonkarton mit Vintage-Karomuster in Grün, 23 cm x 33 cm (1 Bogen)
* Tonkartonrest in Grün
* Draht, ø 0,8 mm, 12 cm lang
* 6 Holzperlen in Maigrün, ø 1 cm
* 2 Wackelaugen, ø 1 cm

FÜR EINE KRABBE
* Tonkarton mit Vintage-Karomuster in Rosa, A5
* Draht, ø 0,8 mm, 6 cm lang
* 3 Holzperlen in Rosa, ø 8 mm
* 2 Wackelaugen, ø 7 mm

VORLAGEN
Bogen 1B+2B

Schildkröte

1 Acht Streifen nach Vorlage zuschneiden und lochen. Die gestrichelten Linien mit dem Falzbein abfahren und nach innen umfalten. Je vier Streifen zu einem Achter-Stern zusammensetzen. Beide Sterne versetzt zu einem Sechzehner-Stern aufeinanderkleben. Einen grünen Kreis zuschneiden und mittig lochen. Weitere, kleinere Kreise und das Körper-/Bodenteil aus der Rückseite des Karokartons zuschneiden.

2 Ein Drahtende zur Öse biegen und diese im rechten Winkel umbiegen, damit die Schildkröte gut stehen kann. Auf den Draht den Stern und die Perlen gemäß der Aufsteckreihenfolge auffädeln. Das obere Drahtende kürzen und eine Öse biegen.

3 Die Streifen der flachen Paper-Ball-Unterseite mit Heißkleber versehen und mittig auf das flache Körper-/Bodenteil kleben. Sollte ein Streifen wieder hochgehen, Klebstoff nachfüllen und den Streifen mit einem Schaschlikstäbchen runterdrücken. Das Körperteil mit rosa Wangen und grünen Krallen bemalen und die Wackelaugen aufkleben. Zuletzt fixieren Sie rund um den oberen Paper Ball die kleinen Kreise.

Aufsteckreihenfolge
Sechzehner-Stern – 5 Perlen – Spitzen des Sechzehner-Sterns – Kartonkreis – Perle

Krabbe

1 Vier Streifen nach Vorlage zuschneiden, lochen und an den gestrichelten Linien anritzen und umfalten. Die Streifen zu einem Achter-Stern zusammenkleben. Aus dem restlichen Karton das Bodenteil der Krabbe zuschneiden.

2 Ein Drahtende zur Öse biegen und diese einmal im rechten Winkel umbiegen. Auf den Draht alle Teile gemäß der Aufsteckreihenfolge auffädeln. Das obere Drahtende zur Öse biegen. Die Streifen der flachen Paper-Ball-Unterseite mit Heißkleber versehen und auf das Bodenteil kleben (ein Streifen vorne mittig zwischen den Scheren). Zuletzt die Wackelaugen fixieren und einen Mund aufmalen.

Aufsteckreihenfolge
Achter-Stern – 2 Perlen – Spitzen des Achter-Sterns – Perle

> **Mein Tipp für Sie**
>
> **Seestern** Für den kleinen Seestern nach Vorlage fünf Streifen zuschneiden, lochen, falten und immer über dem gleichen Loch zu einem Fünfer-Stern zusammenkleben. Auf den Draht (5 cm) den Stern, eine Perle (ø 8 mm), die Sternspitzen, einen Kreis und eine zweite Perle aufstecken. Die untere Drahtöse zuvor im rechten Winkel umbiegen.

In der Korallenbucht …

… schwimmen Qualle, Fisch und Seepferdchen

MOTIVHÖHE
Qualle/Seepferdchen ca. 16 cm
Fisch ca. 8 cm

MATERIAL
QUALLE
* Transparentpapier in Weiß mit Kreisen, A4
* Draht, ø 0,8 mm, 15 cm lang
* 9 Glasschliffperlen in Kristall, ø 8 mm

FISCH
* 3 Kartonstreifen mit Leinenprägung in Perlmutt-Hellblau, 1,5 cm breit, 22 cm lang, sowie Kartonrest
* 3 Kartonstreifen mit Leinenprägung in Perlmutt-Türkis, 1 cm breit, 20 cm lang
* Draht, ø 0,8 mm, 12 cm lang
* 12 Holzperlen in Hellblau, ø 8 mm
* Glitzerkartonrest in Regenbogenfarben
* Fotokartonrest in Weiß

VORLAGEN
Bogen 1B+2B

Qualle

1 Das Transparentpapier auf die Vorlagen legen und diese mit Bleistift und Lineal abpausen und zuschneiden (6 Körperstreifen, je 3 Arme, 1 Kreis). Alle Teile lochen und die Streifen an den gestrichelten Linien mit dem Falzbein anritzen und umbiegen. Je drei Streifen zu einem Sechser-Stern zusammenkleben. Die beiden Sterne für den Körper versetzt zu einem Zwölfer-Stern verbinden.

2 Ein Drahtende mit der Rundzange zu einer Öse biegen und die Sterne und Perlen gemäß der Aufsteckreihenfolge auf den Draht stecken. Am zweiten Drahtende eine weitere Öse biegen. Zuletzt die Quallenarme an den Spitzen mit dem Falzbein nach außen etwas rund ziehen.

Aufsteckreihenfolge
Perle – kleiner Sechser-Stern – großer Sechser-Stern – Zwölfer-Stern – 7 Perlen – Spitzen des Zwölfer-Sterns – Kreis – Perle

> **Mein Tipp für Sie**
>
> **Seepferdchen** Das süße Seepferdchen aus zwei Orangetönen hat denselben Paper-Ball-Körper wie der Fisch. Den Kopf und den Schwanz (hier einseitig) jeweils mit Heißkleber an der oberen und unteren Perle ankleben. Das Tier mit Nylonfaden aufhängen.

Fisch

1 Die sechs Streifen genau mittig sowie je 5 mm von den beiden Enden entfernt lochen. Die Streifen jeweils farblich passend zu Sechser-Sternen zusammenkleben. Zwei hellblaue Kartonkreise ausschneiden und lochen. Ein Drahtende zur Öse biegen und alle Teile gemäß der Aufsteckreihenfolge aufstecken. Das obere Drahtende zur Öse biegen.

2 Der Fisch ist beidseitig schön anzusehen. Hierfür Mund und Flosse doppelt (einmal seitenverkehrt) aus Glitzerkarton zuschneiden und bündig, nur am Außenrand bzw. den Spitzen, zusammenkleben. Die Teile rechts bzw. links über die Außenperlen des Paper Balls schieben und mit Heißkleber sichern. Oberhalb des Mundes zwei Kartonaugen mit aufgemalten Pupillen ergänzen. Die hellblaue Rückenflosse nach Vorlage anritzen, umbiegen und auf dem oberen Streifen fixieren.

Aufsteckreihenfolge
Perle – Kartonkreis – großer hellblauer Sechser-Stern – Perle – kleiner türkisfarbener Sechser-Stern – 8 Perlen – Spitzen des kleinen türkisfarbenen Sechser-Sterns – Perle – Spitzen des großen hellblauen Sechser-Sterns – Kartonkreis – Perle

MEERESTIERE

Fleißige Bauernhoftiere

Kuh, Schaf und Schwein

Die vier Streifen für jede Figur genau mittig sowie je 5 mm von beiden Enden entfernt lochen. Die Streifen jeweils zu einem Achter-Stern zusammenkleben. Aus allen Papieren zusätzlich zwei Kreise ausschneiden und lochen. Alle Körperteile nach Vorlage zuschneiden.

Kuh und Schaf

1 Ein Drahtende zur Öse biegen und alle Sterne und weiteren Teile gemäß der Aufsteckreihenfolge aufstecken. Das obere Drahtende zur Öse biegen. Der mit der Schnauze und den Hörnern beklebte Kuhkopf erhält einen schwarzen Augenfleck. Das Auge darauf mit weißem Lackmalstift auftragen. Das Karoband halb durch die Glocke ziehen und die Enden unter dem Kopf fixieren.

2 Den Schafskopf mit Filzstiften bemalen, rote Buntstiftwangen auftragen und Nase und Haarteil aufkleben. Beidseitig nach Vorlage kleine Schlitze in den Mund schneiden und das Kleeblatt hindurchziehen und festkleben. Beide Köpfe im oberen Bereich auf dem jeweiligen Paper Ball fixieren. Bei der Kuh zusätzlich das Euter unten vor die erste Holzperle kleben.

HOFTIERE

Schwein

Ein Chenilledrahtende mit der Zange zu einer Locke formen und die Paper-Ball-Teile gemäß der Aufsteckreihenfolge aufstecken. Auf dem Chenilledraht hält die Kugel auch ohne weitere Perlen. Das obere Drahtende zur Öse biegen. Den Kopf, die Schnauze und die Pfoten (Rückseite Prägepapier) mit Buntstiften schattieren und mit Filzstiften die Gesichtszüge und Krallen aufmalen. Auf den Kopf mit Klebepads die Schnauze kleben und darunter das Halstuch ergänzen. Den Kopf auf dem Paper Ball fixieren und beidseitig die Pfoten befestigen.

Aufsteckreihenfolge Kuh und Schaf
Perle – Kartonkreis – Achter-Stern – 11 Perlen – Spitzen des Achter-Sterns – Kartonkreis – Perle

Aufsteckreihenfolge Schwein
Perle – Kartonkreis – Achter-Stern – Spitzen des Achter-Sterns – Kartonkreis – Perle

MOTIVHÖHE
ohne Köpfe ca. 11 cm

MATERIAL
KUH
- 4 Kartonstreifen mit Kuhfellmuster, 2 cm breit, 30 cm lang, sowie Kartonrest
- Draht, ø 0,8 mm, 15 cm lang
- 13 Holzperlen in Weiß, ø 8 mm
- Fotokartonreste in Weiß, Beige, Hellbraun, Rosa und Schwarz
- Karoband in Rot-Weiß, 6 mm breit, 5 cm lang
- Glöckchen in Silber, ø 1,6 cm

SCHAF
- 4 Kartonstreifen in Weiß mit Glitzerranken, 2 cm breit, 30 cm lang, sowie Kartonrest
- Draht, ø 0,8 mm, 15 cm lang
- 13 Holzperlen in Weiß, ø 8 mm
- Fotokartonreste in Beige, Rosa und Hellgrün

SCHWEIN
- 4 Kartonstreifen in Rosa mit Leinenprägung, 2 cm breit, 30 cm lang, sowie Kartonrest
- Scrapbookpapierrest mit Karomuster in Blau
- Chenilledraht in Rosa, ø 8 mm, 20 cm lang
- 2 Holzperlen in Rosa, ø 8 mm

VORLAGEN
Bogen 2A+2B

Putzige Bärenbande

Koalabär, Pandabär und Braunbär

Koala- und Pandabär

1 Alle Streifen genau in der Mitte sowie je 5 mm von beiden Enden entfernt lochen. Jeweils die farblich passenden schmalen und breiten Streifen zu einem Achter-Stern zusammenkleben. Diese Sterne wiederum versetzt zu einem Sechzehner-Stern zusammensetzen. Sie können nach Belieben die schmalen auf die breiten Sterne kleben (wie beim Koalabär) oder auch umgekehrt (Pandabär). Zusätzlich Kartonkreise sowie die grüne Bodenplatte für den Pandabär ausschneiden und lochen. Alle Körperteile nach Vorlage zuschneiden.

2 Ein Drahtende zur Öse biegen und alle Sterne und weiteren Teile gemäß der Aufsteckreihenfolge aufstecken. Das obere Drahtende ebenso zur Öse biegen. Den Koalabärkopf mit weißen Ohren und Nase bekleben und Augen und Mund mit Filzstiften aufmalen. Die Wangen mit Buntstiftabrieb röten. Unter die rechte Pfote den Eukalyptusstängel kleben. Den Kopf im oberen Bereich auf dem grauen Paper Ball fixieren und die Pfoten darunter ergänzen.

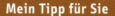

3 Den Pandabärkopf ebenso mit Stiften bunt bemalen und Ohren, Nase und die Augenschatten aufkleben. Die Klebepunkte mit Pupillen bemalen und auf den Augenschatten fixieren. Die Pfoten mit weißen Lackmalstiftpunkten verzieren und unter dem Bambusgrün auf dem Paper Ball fixieren. Darüber den Kopf ergänzen.

Aufsteckreihenfolge Koalabär
Perle – Kartonkreis – Sechzehner-Stern – 8 Perlen – Spitzen des Sechzehner-Sterns – Kartonkreis – Perle

Aufsteckreihenfolge Pandabär
grüne Perle – grüne Bambusbodenplatte (Spitzen nach innen rund gebogen) – Sechzehner-Stern – 8 Perlen – Spitzen des Sechzehner-Sterns – Kartonkreis – Perle

> **Mein Tipp für Sie**
>
> **Braunbär** Genauso wie die anderen Bären wird auch der Braunbär gebastelt. Er trägt zusätzlich einen warmen Pünktchenschal unter seinem Kopf. Die Pfoten sind die gleichen wie beim Koalabär. Ganz in Weiß gebastelt wird ein Eisbär daraus.

MOTIVHÖHE
ohne Köpfe ca. 11 cm

MATERIAL
KOALABÄR
* je 4 Kartonstreifen in Hellgrau, 1 cm breit sowie 2 cm breit, 30 cm lang
* Draht, ø 0,8 mm, 15 cm lang
* 10 Holzperlen in Grau, ø 1 cm
* Fotokartonreste in Hellgrau, Weiß, Schwarz und Grün

PANDABÄR
* je 4 Kartonstreifen in Schwarz, 1 cm breit sowie 2 cm breit, 30 cm lang
* Draht, ø 0,8 mm, 15 cm lang
* Holzperlen, ø 1 cm, 9 x in Schwarz, 1 x in Maigrün
* Fotokartonreste in Schwarz, Weiß, Maigrün und Rot
* 2 Klebepunkte in Weiß, ø 8 mm

VORLAGEN
Bogen 2A+2B

WILDTIERE

Wilde Kreaturen

Löwe, Gepard, Nilpferd, Zebra und Elefant

MOTIVHÖHE
ohne Köpfe ca. 10 cm

**MATERIAL
FÜR ALLE TIERE**
* je 6 Kartonstreifen, 2 cm breit, 27 cm lang, in Blau, Beige, Grau sowie mit Geparden- und Zebramuster
* je 9 Holzperlen in Blau, Natur, Grau, Orange und Weiß, ø 1 cm
* Draht, ø 0,8 mm, 5 x 14 cm lang
* Fotokartonreste in Grau, Weiß, Schwarz, Rosa, Hellorange, Beige, Blau und Hellbraun
* Tonpapierrest in Braun

VORLAGEN
Bogen 2A+2B

1 Alle Streifen genau in der Mitte (bei 13,5 cm) sowie je 5 mm von beiden Enden entfernt mittig lochen. Jeweils drei farblich zusammenpassende Streifen zu einem Sechser-Stern zusammenkleben. Die beiden zusammenpassenden Sterne versetzt zu einem großen Zwölfer-Stern aufeinanderkleben.

2 Je an einem der Drahtenden mit der Rund- oder Drahtösenzange eine Öse biegen und die Sterne und Perlen gemäß der Aufsteckreihenfolge aufstecken. Das zweite, obere Drahtende mit dem Seitenschneider auf ca. 1 cm zurückschneiden und ebenso zur Öse biegen.

3 Die Tierköpfe nach Vorlage und Grundanleitung zuschneiden und die Konturen mit farblich passenden Buntstiften schattieren. Alle Wangen mit pinkfarbenem Buntstiftabrieb aufreiben und die Augen, Linien und Flächen mit Filzstiften gestalten. Lichtpunkt, Gepardenzähne und -krallen mit weißem Lackmalstift auftragen.

4 Die Köpfe nach Vorlage zusammensetzen. In den Nilpferdmund nach Vorlage zwei Schlitze einschneiden, die Zähne durchstecken und hinten festkleben. Das braune Tonpapier mit Buntstiftkaros in Dunkelbraun und Orange bemalen und zu kleinen Streifen schneiden. Die Streifen hinter dem ganzen Löwenkopf festkleben und evtl. noch etwas zurechtschneiden.

5 Die fertigen Köpfe mit Heißkleber im oberen Bereich der Paper Balls fixieren und bei Nilpferd und Gepard noch die Pfoten ergänzen.

Aufsteckreihenfolge alle Tiere
Perle – Zwölfer-Stern – 7 Perlen – Spitzen des Zwölfer-Sterns – Perle

Findige Forstfreunde
Eichhörnchen und Fuchs

MOTIVHÖHE
Fuchs ca. 19 cm
Eichhörnchen
ca. 13,5 cm

MATERIAL
FUCHS
* Tonkarton mit Leinenprägung in Orange, A4
* Steckdraht, ø 0,8 mm, 20 cm lang
* Holzperlen, ø 1 cm, 5 x in Weiß, 12 x in Orange
* Fotokartonreste in Weiß und Schwarz
* Acrylfarbe in Weiß, Pinsel

EICHHÖRNCHEN
* Tonkarton mit Leinenprägung in Rostrot, A4
* Steckdraht, ø 0,8 mm, 14 cm lang
* 7 Holzperlen in Rot, ø 1 cm
* Fotokartonreste in Beige, Orange und Hellgrün
* Satinband in Silber mit Hirschaufdruck, 1 cm breit, 15 cm lang

VORLAGEN
Bogen 2A+2B

Fuchs

1 Für den runden Paper Ball sechs Streifen (1,5 cm x 24 cm) zuschneiden und mittig sowie je 5 mm von beiden Enden entfernt lochen. Je drei Streifen zu einem Sechser-Stern zusammenkleben. Beide Sterne versetzt zu einem Zwölfer-Stern verbinden. Einen Kreis zuschneiden und lochen. Drei Streifen für den Schwanz nach Vorlage zuschneiden, lochen und an den gestrichelten Linien umfalzen. Die Spitzen bis auf 4 cm Höhe mit weißer Acrylfarbe bemalen und trocknen lassen. Die bemalten Streifen zu einem Sechser-Stern zusammenkleben.

2 Den Kopf und die Pfoten zuschneiden und bemalen, den Kopf mit Wangen und Nase bekleben. Ein Drahtende zur Öse biegen und die Sterne und Perlen gemäß der Aufsteckreihenfolge auf den Draht stecken. Das zweite Drahtende zur Öse biegen. Zuletzt den Kopf und die Pfoten mit Heißkleber an der Figur ankleben.

Aufsteckreihenfolge
orangefarbene Perle – Kartonkreis – Zwölfer-Stern – 7 orangefarbene Perlen – Spitzen des Zwölfer-Sterns – bemalter Sechser-Stern – 4 orangefarbene Perlen – 4 weiße Perlen – Spitzen des Sechser-Sterns – weiße Perle

Eichhörnchen

1 Sechs Streifen nach Vorlage zuschneiden, lochen und die Falzlinien umfalten. Je drei Streifen zu einem Sechser-Stern zusammensetzen. Beide Sterne versetzt zu einem Zwölfer-Stern kleben. Den Schwanz doppelt zuschneiden und die Drahtposition nach Vorlage markieren. Beide Schwanzteile bündig zusammenkleben, dabei aber rechts und links der markierten Stelle ein Feld für das Durchschieben des Drahtes freilassen.

2 Ein Drahtende zur Öse biegen und diese einmal im rechten Winkel umbiegen. Auf den Draht alle Teile gemäß der Aufsteckreihenfolge auffädeln und das zweite Drahtende zur Öse biegen. Die Körperteile zuschneiden, mit Buntstiftabrieb und Filzstiften gestalten und die Nase aufkleben.

3 Die Streifen der flachen Paper-Ball-Unterseite mit Heißkleber versehen und auf die Bodenplatte kleben. Evtl. Klebstoff nachfüllen und die Streifen mit einem Schaschlikstäbchen runterdrücken. Den Kopf an der oberen Perlen ankleben und das Satinband umknoten. Vorne die Eichel mit den beiden Pfoten ergänzen.

Aufsteckreihenfolge
Zwölfer-Stern – Eichhörnchenschwanz – 5 Perlen – Spitzen des Zwölfer-Sterns – 2 Perlen

WALDTIERE

Gruseliges für Halloween
Kürbis, Spinnen und Fledermaus

MOTIVHÖHE
Spinnenkürbis ca. 15 cm
Fledermaus ca. 9,5 cm

MATERIAL
SPINNENKÜRBIS
* 4 Kartonstreifen in Orange, 1,5 cm breit, 31 cm lang
* 4 Prägepapierstreifen „Stream" in Orange, 1,5 cm breit, 30 cm lang
* Fotokarton in Schwarz, A4
* Fotokartonreste in Orange, Grün und Gelb
* Steckdraht, ø 0,8 mm, 20 cm lang
* Holzperlen, ø 1 cm, 1 x in Grün, 6 x in Schwarz, 7 x in Orange

FLEDERMAUS
* je 3 Kartonstreifen in Lila, 1 cm breit, 18 cm und 20 cm lang
* Fotokartonreste in Lila und Gelb
* Draht, ø 0,8 mm, 12 cm lang
* 6 Holzperlen in Lila, ø 1 cm

VORLAGEN
Bogen 2A+2B

Spinnenkürbis

1 Alle orangefarbenen Streifen genau mittig sowie je 5 mm von beiden Enden entfernt lochen. Die vier Karton- bzw. Papierstreifen je zu einem Achter-Stern zusammenkleben. Die beiden Sterne versetzt zu einem Sechzehner-Stern verbinden (Papierstern oben). Zwei große orangefarbene und einen kleinen schwarzen Kreis sowie das Kürbisgrün zuschneiden. Bis auf einen orangefarbenen Kreis alle Teile lochen.

2 Alle Streifen für den Spinnenkörper nach Vorlage zuschneiden, lochen und an den gestrichelten Linien umfalten. Je drei Streifen zu einem Sechser-Stern zusammenkleben und beide wiederum zu einem Zwölfer-Stern arrangieren. Die Spinnenbeine an den gestrichelten Linen nach oben bzw. unten falten und alle fächerartig über- und nebeneinanderkleben. Die Beinspitzen mit dem Falzbein rund biegen.

3 Ein Drahtende zur Öse formen und diese im rechten Winkel umbiegen. Auf den Draht alle Teile gemäß der Aufsteckreihenfolge auffädeln. Das obere Drahtende zur Öse biegen. Die gelben, mit Filzstift bemalten Augen am Spinnenkörper ankleben. Den letzten Kartonkreis unten über die Öse an den ersten Kreis kleben, so steht der Kürbis besser. Die Spinne und den Kürbis kann man auch einzeln arbeiten. Für mehr Stand der Spinne dann eine Perle mehr unter den Beinen mit auffädeln.

Aufsteckreihenfolge
orangefarbener Kartonkreis – Sechzehner-Stern – 7 orangefarbene Perlen – Spitzen des Sechzehner-Sterns – Kürbisgrün – grüne Perle – Spinnenbeine – schwarzer Zwölfer-Stern – 5 schwarze Perlen – Spitzen des Zwölfer-Sterns – schwarzer Kartonkreis – schwarze Perle

Fledermaus

Alle Streifen genau mittig sowie je 5 mm von beiden Enden entfernt lochen. Die Streifen zu zwei Sechser-Sternen zusammensetzen und wiederum zum Zwölfer-Stern aufeinanderkleben (kleiner Stern oben). Den Flügel doppelt zuschneiden und die Mitte nach Vorlage markieren. Die Flügel bündig zusammenkleben, dabei aber ein Feld in der Mitte freilassen, damit man den Flügel auf den Draht schieben kann. Den Draht wie in der Grundanleitung beschrieben vorbereiten, alle Teile nach der Aufsteckreihenfolge auffädeln und oben eine Öse biegen. Zuletzt den mit Filz- und Lackmalstift bemalten Kopf am Paper Ball ankleben.

Aufsteckreihenfolge
Perle – Kartonkreis – Zwölfer-Stern – 3 Perlen – Fledermausflügel – Perle – Spitzen des Zwölfer-Sterns – Kartonkreis – Perle

WALDTIERE

Im Märchenwald
wo Eulen und Einhörner wohnen

MOTIVHÖHE
Eule ca. 7 cm (ohne Beine)
Einhorn ca. 11 cm

MATERIAL EINHORN
* je 3 Tonkartonstreifen in Weiß, 1 cm breit sowie 1,5 cm breit, 24 cm lang
* Draht, ø 0,8 mm, 12 cm lang
* 9 Holzperlen in Weiß, ø 8 mm
* Tonkartonreste in Weiß und Rosa
* Glitzerkartonrest in Rosa

FÜR BEIDE EULEN
* Tonkarton mit Vintage-Karomuster in Dunkelrot und Dunkelblau, A4
* Draht, ø 0,8 mm, 2 x 10 cm lang
* je 9 Holzperlen in Dunkelrot und Dunkelblau, ø 8 mm
* Fotokartonreste in Weiß und Gelb
* Chenilledraht in Gelb, ø 6 mm, 2 x 8 cm lang
* Ast

VORLAGEN
Bogen 2B

Einhorn

1 Alle Streifen genau mittig sowie je 5 mm von beiden Enden entfernt lochen. Die breiten sowie schmalen Streifen je zu einem Sechser-Stern zusammenkleben und diese wiederum versetzt zu einem Zwölfer-Stern verbinden (breite Streifen oben). Den Blütenkragen zuschneiden und lochen. Ein Drahtende zu einer großen Öse biegen und alle Teile gemäß der Aufsteckreihenfolge auf den Draht stecken. Das zweite Drahtende ebenso zu einer großen Öse biegen.

2 Damit das Einhorn beidseitig hübsch aussieht, werden Kopf, Mähne, Horn und Schweif doppelt benötigt, davon einmal seitenverkehrt. Beide Kopfteile bemalen, die Hörner an der gleichen Stelle dahinterkleben und die Köpfe nur an der Schnauze zusammenkleben. Beidseitig die Mähnen ergänzen. Auf die vordere Paper-Ball-Öse Heißkleber geben und den Kopf darüberschieben. Ebenso die beiden Schweifteile nur an der Spitze verbinden und über der zweiten, hinteren Öse fixieren.

3 Vier Beine zuschneiden, an den gestrichelten Linien umfalzen und rechts und links jeweils unter einem breiten Paper-Ball-Streifen festkleben. Damit die Beine nicht auseinandergehen, innen auf die Falzung jeweils noch einen Tropfen Heißkleber auftragen.

Aufsteckreihenfolge
Zwölfer-Stern – 9 Perlen – Spitzen des Zwölfer-Sterns – rosa Blütenkragen

Eulen

1 Je Eule sechs Streifen nach Vorlage zuschneiden, lochen und umfalzen. Je drei Streifen zu einem Sechser-Stern aufeinanderkleben. Beide Sterne versetzt zu einem Zwölfer-Stern verbinden. Je ein Drahtende zu einer ganz kleinen Öse biegen und die Sterne und Perlen gemäß der Aufsteckreihenfolge auffädeln. Die oberen Drahtenden auch zur Öse biegen.

2 Die Köpfe (Rückseite Karokarton) jeweils mit dem orangefarben schattierten Schnabel und den Augen bekleben und mit den Flügeln auf dem Paper Ball fixieren. Die Chenilledrähte jeweils bis zur Mitte durch die kleinen Ösen ziehen, nach vorne zu einem „V" umlegen und an der Spitze etwas festkleben. Die Eulen auf den Ast setzen und die Chenilledrähte darumwickeln.

Aufsteckreihenfolge
Zwölfer-Stern – 8 Perlen – Spitzen des Zwölfer-Sterns – Perle

Die drei Polaros

keckes Pinguin-Trio

MOTIVHÖHE
Pinguin
ca. 10,5 cm
Eisscholle ca. 2 cm

MATERIAL
PINGUINE
* Tonkarton mit Leinenprägung in Perlmutt-Hell-, Mittel- und Dunkelblau, A4
* Draht, ø 0,8 mm, 3 x 12 cm lang
* je 12 Holzperlen, ø 8 mm, in Hell-, Mittel- und Dunkelblau
* Tonkartonreste in Weiß und Gelb

EISSCHOLLE
* Fotokarton in Weiß, A4
* Draht, ø 0,8 mm, 5 cm lang
* Holzperle in Weiß, ø 1 cm

VORLAGEN
Bogen 1A+2B

Pinguine

1 Für jeden Pinguin sechs Streifen einer Farbe nach Vorlage zuschneiden und lochen. Die gestrichelten Falzlinien mit dem Falzbein oder Kugelschreiber abfahren und bündig zum unteren Streifen umfalten. Je drei Streifen zu einem Sechser-Stern zusammenkleben. Beide Sterne wiederum versetzt zu einem Zwölfer-Stern zusammensetzen. Je Figur einen Kartonkreis anfertigen und mittig lochen.

2 Jeweils ein Drahtende zur Öse biegen und diese noch einmal im rechten Winkel umbiegen, damit die Figuren später stehen können. Auf die Drähte die Sterne und Perlen gemäß der Aufsteckreihenfolge auffädeln. Nun kürzen Sie die oberen Drahtenden und biegen je eine Abschlussöse.

3 Die Körperteile zuschneiden, mit Buntstiftabrieb schattieren und die Augen mit Filzstift-Pupillen bemalen. Die Streifen der flachen Paper-Ball-Unterseiten jeweils mit Heißkleber versehen und auf eine der gelben Bodenplatten kleben. Evtl. Klebstoff nachfüllen und die Streifen mit einem Schaschlikstäbchen runterdrücken.

4 Den weißen Bauch rund biegen und mittig über den Beinen auf den Paper Ball kleben. Auch die unteren zwei Ecken festkleben. Über dem Bauch den Schnabel und die Augen befestigen und seitlich die Arme fixieren. Zuletzt malen Sie zwei rote Bäckchen mit Buntstift auf die seitlichen Streifen.

Aufsteckreihenfolge
Zwölfer-Stern – 11 Perlen – Spitzen des Zwölfer-Sterns – Kartonkreis – Perle

Eisscholle

Vier weiße Streifen nach Vorlage zuschneiden, lochen und viermal falzen. Die Streifen zu einem Achter-Stern zusammenkleben. Ein Drahtende zur Öse biegen und nochmals im rechten Winkel umbiegen. Den Achter-Stern, die Perle und die Spitzen des Achter-Sterns auf den Draht stecken und oben eine zweite Öse biegen und flach umlegen. Über die Ösen jeweils einen großen Kartonkreis kleben.

Mein Tipp für Sie

Pinguin mit Zylinder Soll der Pinguin einen lustigen Zylinder tragen, dann steckt man als Abschluss statt einem blauen einen schwarzen Kartonkreis sowie zwei große schwarze Perlen auf den Draht.

POLARTIERE

Christiane Steffan, geboren 1971, lebt mit Mann, Hasen und Hühnern im Odenwald. Sie liebt alles, was knallig bunt und lustig ist und hat schon immer gerne gemalt und gebastelt. So richtig infiziert hat sie das Hobby Basteln während ihrer Ausbildung in einem kleinen Kaufhaus mit Bastelabteilung. Seit 2001 veröffentlicht sie Bastelbücher zu verschiedenen Themen, meistens aber alles rund ums Papier. Wenn sie mal nicht bastelt, dann näht sie, liebt es ins Kino zu gehen oder liest gerne Thriller. Anregungen, Kritik oder Fragen können Sie unter Christiane.Steffan@web.de direkt an die Autorin richten.

DANKE!

Ich danke der Firma Ludwig Bähr, Kassel, für die Bereitstellung aller im Buch verwendeten Papiere sowie der Firma Knorr-Prandell/Gütermann, Lichtenfels, für die Holzperlen, Drähte und die Drahtösenzange.

TOPP – Unsere Servicegarantie

WIR SIND FÜR SIE DA! Bei Fragen zu unserem umfangreichen Programm oder Anregungen freuen wir uns über Ihren Anruf oder Ihre Post. Loben Sie uns, aber scheuen Sie sich auch nicht, Ihre Kritik mitzuteilen – sie hilft uns, ständig besser zu werden.

Bei Fragen zu einzelnen Materialien oder Techniken wenden Sie sich bitte an unseren Kreativservice, Frau Erika Noll.
mail@kreativ-service.info
Telefon 0 50 52 / 91 18 58

Das Produktmanagement erreichen Sie unter:
pm@frechverlag.de
oder:
frechverlag
Produktmanagement
Turbinenstraße 7
70499 Stuttgart
Telefon 07 11 / 8 30 86 68

LERNEN SIE UNS BESSER KENNEN! Fragen Sie Ihren Hobbyfach- oder Buchhändler nach unserem kostenlosen Kreativmagazin **Meine kreative Welt.** Darin entdecken Sie die neuesten Kreativtrends und interessantesten Buchneuheiten.

Oder besuchen Sie uns im Internet! Unter **www.topp-kreativ.de** können Sie sich über unser umfangreiches Buchprogramm informieren, unsere Autoren kennenlernen sowie aktuelle Highlights und neue Kreativtechniken entdecken, kurz – die ganze Welt der Kreativität.

Kreativ immer up to date sind Sie mit unserem monatlichen **Newsletter** mit den aktuellsten News aus dem frechverlag, Gratis-Bastelanleitungen und attraktiven Gewinnspielen.

IMPRESSUM

FOTOS: frechverlag GmbH, 70499 Stuttgart; lichtpunkt, Michael Ruder, Stuttgart
ARBEITSSCHRITTFOTOS: Christiane Steffan
PRODUKTMANAGEMENT: Tina Herud
LAYOUT: Atelier Schwab, Handewitt
DRUCK: frechdruck GmbH, 70499 Stuttgart   Printed in Germany

Materialangaben und Arbeitshinweise in diesem Buch wurden von der Autorin und den Mitarbeitern des Verlags sorgfältig geprüft. Eine Garantie wird jedoch nicht übernommen. Autorin und Verlag können für eventuell auftretende Fehler oder Schäden nicht haftbar gemacht werden. Das Werk und die darin gezeigten Modelle sind urheberrechtlich geschützt. Die Vervielfältigung und Verbreitung ist, außer für private, nicht kommerzielle Zwecke, untersagt und wird zivil- und strafrechtlich verfolgt. Dies gilt insbesondere für eine Verbreitung des Werkes durch Fotokopien, Film, Funk und Fernsehen, elektronische Medien und Internet sowie für eine gewerbliche Nutzung der gezeigten Modelle. Bei Verwendung im Unterricht und in Kursen ist auf dieses Buch hinzuweisen.

Auflage:	5.	4.	3.	2.	1.	
Jahr:	2016	2015	2014	2013	2012	[Letzte Zahlen maßgebend]

© 2012 **frechverlag** GmbH, 70499 Stuttgart

ISBN 978-3-7724-3962-9 • Best.-Nr. 3962